AF242986

LA

PROTHÈSE ET LE TRAVAIL DES MUTILÉS

PAR

Le Professeur Jules AMAR
DIRECTEUR DU LABORATOIRE DE PROTHÈSE MILITAIRE
ET DU TRAVAIL PROFESSIONNEL
AU CONSERVATOIRE NATIONAL DES ARTS ET MÉTIERS

Sous la Présidence de Monsieur Paul PAINLEVÉ
MINISTRE DE L'INSTRUCTION PUBLIQUE, DES BEAUX-ARTS
ET DES INVENTIONS INTÉRESSANT LA DÉFENSE NATIONALE
MEMBRE DE L'INSTITUT

PARIS

H. DUNOD et E. PINAT, ÉDITEURS

47 et 49, Quai des Grands-Augustins

1916

Conférence faite pour les Œuvres de Mutilés, le 12 janvier 1916

AU PALAIS DE LA MUTUALITÉ

LA

PROTHÈSE ET LE TRAVAIL DES MUTILÉS

PAR

Le Professeur Jules AMAR

DIRECTEUR DU LABORATOIRE DE PROTHÈSE MILITAIRE
ET DU TRAVAIL PROFESSIONNEL
AU CONSERVATOIRE NATIONAL DES ARTS ET MÉTIERS

Sous la Présidence de Monsieur Paul PAINLEVÉ

MINISTRE DE L'INSTRUCTION PUBLIQUE, DES BEAUX-ARTS
ET DES INVENTIONS INTÉRESSANT LA DÉFENSE NATIONALE
MEMBRE DE L'INSTITUT

PARIS

H. DUNOD et E. PINAT, ÉDITEURS

47 et 49, Quai des Grands-Augustins

—

1916

Conférence faite pour les Œuvres de Mutilés, le 12 janvier 1916
AU PALAIS DE LA MUTUALITÉ

LA
PROTHÈSE ET LE TRAVAIL DES MUTILÉS

PAR

Le Professeur Jules AMAR
DIRECTEUR DU LABORATOIRE DE PROTHÈSE MILITAIRE
ET DU TRAVAIL PROFESSIONNEL
AU CONSERVATOIRE NATIONAL DES ARTS ET MÉTIERS

Sous la présidence de Monsieur Paul PAINLEVÉ
MINISTRE DE L'INSTRUCTION PUBLIQUE, DES BEAUX-ARTS
ET DES INVENTIONS INTÉRESSANT LA DÉFENSE NATIONALE
MEMBRE DE L'INSTITUT

Discours de Monsieur PAINLEVÉ

MESDAMES, MESSIEURS,

En organisant la réunion d'aujourd'hui, les quatre grandes sociétés qui se consacrent à l'Œuvre des Mutilés de la Guerre s'adressent à deux autres : elles s'adressent d'abord à la France, à l'opinion française, elles veulent que cette opinion soit constamment penchée vers ce peuple douloureux et fier qui, toute sa vie, gardera la trace de la Grande Guerre et celle de son héroïque conduite. Elles s'adressent aussi aux Mutilés eux-mêmes.

Elles demandent, ces quatre Associations, que, dans la réunion d'aujourd'hui, le sentiment entre profondément dans le cœur de tous ces glorieux blessés que jamais, quoi qu'il arrive, la France ne se désintéressera de leur sort. La France a envers eux une dette sacrée; cette dette elle la paiera, elle s'en sentira débitrice, si long que soit l'espace de temps pendant lequel elle devra la payer, et elle la paiera avec reconnaissance. (*Applaudissements prolongés.*)

Et dans cette réunion, nous voulons aussi que ceux qui écoutent et qui se demandent avec anxiété ce que deviendra leur avenir, nous voulons qu'ils prennent conscience de ce que la science, la méthode peuvent obtenir d'un corps blessé, douloureusement et définitivement blessé, mais qui, pourtant, peut rendre encore tant de services, et montrer un exemple de son activité à ceux au milieu desquels il vivait et pour lesquels il doit être un vivant et permanent exemple.

Eh bien, pour remplir ce rôle, nous ne pouvions pas nous adresser à un orateur plus qualifié que M. le professeur Jules Amar.

Ceux d'entre vous, Messieurs, qui ont eu des relations directes avec lui, savent quelle conscience admirable et quelle méthode il apporte à l'œuvre qui lui a été confiée. Ils savent qu'en temps de paix M. Jules Amar, directeur du laboratoire du travail professionnel, a senti la nécessité d'appliquer dans sa rigueur, dans sa plénitude, la *méthode scientifique*, de l'adapter au travail de tous ceux qui, avec un membre en moins, sont pourtant encore capables de travailler. M. le professeur Amar vous dira tout à l'heure mieux que moi, avec plus de précision, quel espoir doivent garder tous ceux qui veulent rester des hommes complets, malgré la fatalité de la nature, et nous montrera que la science humaine peut, dans de très nombreux cas, réparer ce qui paraît irréparable, et faire naître l'espoir dans le cœur de ceux qui désespéraient. (*Vifs applaudissements.*)

Discours de Monsieur AMAR

LA PROTHÈSE ET LE TRAVAIL DES MUTILÉS

Mesdames, Messieurs,

Un grave problème s'est posé à la conscience nationale le jour où il a fallu se préoccuper du *travail des blessés*, des héros de cette Grande Guerre. Il a ému, naturellement, les plus nobles esprits et sollicité toutes les compétences. Je n'entreprends pas de rappeler tout ce qui a été tenté, en France et chez nos Alliés, pour faire œuvre utile, en s'inspirant surtout de l'exemple un peu vieilli des pays scandinaves. Mais l'heure est venue, je crois, d'*organiser* le travail des blessés pour que chacun soit à sa vraie place dans la machine sociale, y contribue de son mieux à son fonctionnement, et ainsi marche vers la prospérité.

L'objet de cette organisation est donc d'*utiliser rationnellement* les capacités humaines, même quand elles sont amoindries, et dans le cadre d'une vie normale. (*Applaudissements.*)

Nécessité d'employer les mutilés.

C'est là, sans doute, une question *technique et scientifique* par essence ; mais elle appartient aussi à l'ordre des choses sociales où se mêlent, en des proportions que je ne saurais définir, l'action législative et l'action politique au sens élevé de ce mot.

N'oublions pas, en effet, que de sa solution dépendent et l'*avenir matériel et moral* de plusieurs milliers de familles françaises, et l'essor économique, si lent encore, de notre pays. Voudrait-on stimuler le labeur industriel, commercial, agricole, que nulle part il ne devrait y avoir une force perdue ou gaspillée. Notre richesse est à ce prix.

Depuis quelques années, le monde du travail s'est de plus en plus raréfié. Employés et ouvriers faisaient défaut, non seulement sous le rapport de la *qualité*, mais également du *nombre*. Que sera-ce demain !

Telles sont les préoccupations qu'éveille la question du travail des blessés militaires, eu égard aux ressources d'énergie qu'ils apporteraient à la Nation si leurs aptitudes professionnelles étaient, pour ainsi dire, évaluées et renforcées par une *rééducation méthodique*, en vue d'un emploi immédiat. Disons surtout que *80 p. 100* parmi eux sont rééducables et reprendraient leur rang dans la société. Mais nous voulons que leur placement soit entouré de toutes les garanties qui en feront une chose durable, à la satisfaction des parties intéressées.

D'ailleurs, ne soyons pas dupes des apparences. Le blessé ou le mutilé possède une capacité de travail parfaitement utilisable, il représente une *valeur*, quelquefois *intégrale*. Il compense même le déficit physique par une bonne volonté agissante qui accroît son rendement social. C'est un fait psychologique dont les instructeurs auront à faire leur profit, car il est indéniable. Ne croyez pas, Messieurs, à un enthousiasme quelconque de ma part, qui entacherait de partialité mon jugement. Nos soldats, que je pratique depuis quinze mois, sont admirables dans les travaux de la Paix comme ils le sont tous les jours dans les exploits de la Guerre. L'esprit est excellent, le sang-froid remarquable, le courage et la décision ne laissent rien à désirer. Quelques paroles d'encouragement, mais plutôt quelques conseils sont parfois nécessaires. Jamais ils ne refusent d'écouter un avis autorisé. Rendons-leur cette justice et efforçons-nous de leur assurer une existence digne de leurs sacrifices, de leur épargner, à eux les vainqueurs, de devenir des vaincus.

Ce ne sont pas, à 15 ou 20 p. 100 près, des hommes qui demandent *assistance*, qui voudraient vivre de leur paresse, quand seul le travail est régénérateur. Ils sont loin de nourrir ces idées déprimantes et de céder à l'instinct du moindre effort qu'ils seraient, cependant, excusables d'écouter.

Les plus déshérités savent quel effort accomplit pour eux le *Ministère de l'Intérieur* dans un domaine qui lui est propre, celui de l'Assistance. Mais la grande majorité, heureusement, c'est-à-dire tous les rééducables, attendent un effort gouvernemental concerté et une direction scientifique qui les ramènent, par des voies certaines, aux professions où chacun donnera son exacte mesure.

Or, cela exige une méthode efficace, un véritable *programme d'action*. Je remercie les Comités d'Assistance aux blessés de m'avoir convié à l'honneur de l'exposer devant vous, dans une réunion que préside M. le Ministre de l'Instruction publique. Il ne se pouvait de plus heureux auspices. Les Athéniens — ceux d'autrefois — reconnaissaient des aptitudes mathématiques aux personnes qui savaient lier les fagots. Il vous appartient, mon cher maître, vous le plus docte et l'un des plus dévoués enfants de notre fière démocratie, de grouper et de lier ensemble les diverses branches de l'expérience humaine, auxquelles je vous demande la liberté d'ajouter quelques modestes brindilles. (*Vifs applaudissements.*)

Principes de rééducation.

Messieurs, l'organisation du travail des blessés doit, à mon avis, comprendre trois périodes. Dans une première période, dite de rééducation fonctionnelle, il s'agit d'*analyser les mouvements* de l'homme pour établir son état fonctionnel, de restaurer autant que possible la capacité motrice, et enfin de s'assurer qu'un exercice prolongé ne compromet pas la résistance organique.

Dans une seconde période, on s'efforcera de suppléer le déficit dû à l'impotence, par un système orthopédique, on adaptera aux mutilés des appareils de prothèse convenables, et alors commence la *rééducation professionnelle* proprement dite, qui sera la troisième et dernière période.

Il est clair que les blessés faiblement impotents ou susceptibles d'un traitement orthopédique immédiat reprendront sans tarder leur ancien métier. En tout cas, ils le pourraient. Lorsqu'une *paralysie radiale*, par exemple, a supprimé l'action des muscles extenseurs de la main et laissé tomber celle-ci comme un objet inerte, il suffira de redresser cet organe au moyen d'une petite *gouttière d'aluminium* pour lui restituer la force et le mouvement. Le sujet récupère *toute* sa valeur professionnelle. J'ai eu, à cet égard, des cas édifiants. Mais l'impotence est-elle plus grande ou plus étendue, est-elle réfractaire à toute rééducation fonctionnelle, à toute suppléance mécanique simple, il faudra songer à *changer de métier*.

Quelque prudence qu'il faille apporter dans la question du *changement de profession*, où se perd une expérience laborieusement acquise, précieuse, souvent lucrative, le *réapprentissage* est parfois une nécessité. C'en est une pour beaucoup de mutilés, spécialement parmi les *amputés de bras*.

Période fonctionnelle.

Revenons rapidement sur chacune des trois périodes de la rééducation. Dans la période fonctionnelle, on s'occupe de l'*état moteur* du blessé, réalisé par le jeu des articulations et des muscles qui les commandent. Il faut lutter contre les raideurs et les ankyloses et même certaines formes de soudure articulaire, tâcher à enrayer l'atrophie des muscles, assouplir tendons et cartilages et stimuler la nutrition, la vitalité cellulaire. Cet *entraînement physiologique* veut une progression, par gradations insensibles, de l'effort et de la vitesse. En même temps, on *analyse le mouvement* dans ses irrégularités, son rythme, sa précision, et dans la répartition et l'intensité des forces qui le produisent. Ces différents facteurs importent au bon rendement en travail et bénéficient *toujours* de l'application d'une *mécanothérapie* intelligente.

On rééduquera la *main* avec plus de continuité et d'attention.

Pour répondre à ces exigences diverses, j'ai dû créer quelques appareils précis et peu compliqués, dont l'usage a donné de bons résultats. Leur description a été publiée ; je me contenterai donc de les faire projeter devant vous (*Cycle ergométrique, Chirographe, Poire dynamographique,* etc.). (*Vifs applaudissements.*) Cette technique a l'avantage de parler aux yeux et d'être fidèle ; elle recourt à l'*enregistrement graphique,* ce qui permet d'évaluer la force musculaire et d'en voir l'évolution. Elle manifeste donc, à tout moment, les progrès obtenus par la rééducation fonctionnelle en vue de la *réadaptation au travail.*

Chez les amputés, les *moignons,* presque toujours atrophiés par un long séjour dans les dépôts de convalescence, se développent, se fortifient et l'amplitude de leurs mouvements augmente. Circonstance on ne peut plus favorable à l'application des *appareils prothétiques*, généralement assez lourds ([1]).

D'autres éléments interviennent dans l'examen fonctionnel des blessés. Les *sens, spécialement la vue, l'ouïe* pour

Fig. 1. — Bras de travail avec pince du Professeur Amar. — *Action de limer*.

laquelle s'ouvrent en différents endroits des cours de *rééducation auditive*, le *tact*, peuvent avoir subi une dépréciation : le *cœur*, les *poumons* et les *centres nerveux* ne sont pas tou-

([1]) Voir le *Moteur humain*, chez Dunod et Pinat (Paris, 1914). L'éducation physique et professionnelle se trouvera exposée clairement et simplement dans un ouvrage, en ce moment sous presse, du même auteur : *Organisation physiologique du travail*. (Les Éditeurs.)

jours en règle avec les conditions d'une activité musculaire intense. Il faut savoir révéler ces défaillances organiques pour y remédier quand c'est possible, et en tout cas pour apprécier justement le degré d'*aptitude physique* de l'individu.

Quand je dis que la rééducation a une *base physiologique*, je réponds, Messieurs, à toutes ces préoccupations fondamentales, j'exprime certainement une vérité, en dehors de laquelle il n'y aurait qu'incertitude et péril. (*Vifs applaudissements.*) Avant de donner au mutilé un appareil de prothèse, avant de confier à l'atelier ou au bureau un de nos blessés, il est indispensable d'avoir atteint au maximum d'amélioration de son état fonctionnel et de sa *résistance à la fatigue*. De telles données renseignent utilement l'employeur et l'employé et leur inspireront dans la Science toute la confiance que celle-ci mérite et qui fait d'elle la forme supérieure de l'Économie sociale.

Période prothétique.

Abordons maintenant la question des *appareils prothétiques*, l'une des plus importantes entre toutes celles qu'embrasse la rééducation professionnelle. Nos constructeurs devront s'efforcer de mieux harmoniser ces appareils au travail des mutilés. La prothèse n'a pas, en effet, pour but de remplacer un membre ou segment de membre absent, mais de *suppléer une fonction abolie* ou fortement lésée. Si, par définition, elle est anatomique, en fait elle est physiologique et utilitaire. Tout en copiant la Nature, elle n'en est pas esclave, parce qu'elle est obligée de *proportionner les poids et les dimensions à la puissance musculaire encore disponible*. Je traduirai en trois propositions les idées scientifiques qui doivent gouverner cette matière :

1° *Constituer des appareils prothétiques à fixation robuste,*

sans gêner les mouvements intéressés, ni d'autres articula-
tions;

2° *Les proportionner à la force du moignon;*

3° *Adapter aux appareils du membre supérieur un organe*
de préhension qui permette un usage long et varié.

Cette triple condition garantit la *solidité*, la *simplicité* et
le *bon rendement* des instruments de prothèse; il en résulte
une meilleure utilisation de l'énergie humaine dans des professions où il eût semblé que les amputés ne trouveraient
jamais accès. Je ne crois pas trop m'avancer en déclarant
que nos orthopédistes n'hésitent plus, aujourd'hui, devant
ce devoir. Le sous-secrétaire d'État du Service de Santé a,
d'ailleurs, constitué un *Laboratoire de Recherches* qui exerce
une action technique directrice et contrôle la valeur des
inventions; il fait, en outre, subir aux appareils d'un modèle ancien et impropres au travail les transformations
nécessaires, si bien qu'à l'heure actuelle, l'orthopédie française est en réel progrès, et nos mutilés sont beaucoup
mieux appareillés qu'au début.

Le *bras de travail*, par exemple, de construction très
solide, leur assure de grands avantages, tant pour exécuter
leurs mouvements avec aisance, que pour saisir leurs outils
ou tout objet quel qu'il soit. A cet effet, l'avant-bras est
constitué par une tige d'acier articulée au coude; la main
par une *pince universelle* simple ou automatique, qui peut
être remplacée, à la fin du travail, par une main de parade
surmontée d'une gaine en cuir formant avant-bras; cela
répond à une esthétique bien comprise (*fig.* 1 et 2).

J'ai, d'autre part, constamment encouragé les inventeurs
qui se sont adressés au Laboratoire, soit pour avoir un con-
seil, soit pour y réaliser une idée qui me paraissait intéres-
sante. C'est ainsi qu'après plusieurs mois de recherches et
une mise au point que j'ai soignée de façon spéciale, l'un
d'eux a construit une *main articulée* qui me donne pleine
satisfaction. Car elle est supérieure à tout ce que j'ai vu
jusqu'ici, même à l'étranger, et son prix de revient n'est pas

excessif. Cette main est tout indiquée pour les professions
libérales (un amputé, muni de cette main, exécute devant
le public tous les exercices habituels de la vie, prend
un verre, retire son chapeau, joue du violon et même

Fig. 2. — Bras de travail du Professeur Amar. — *Action de scier*.

effectue quelques travaux professionnels : percer du bois,
raboter, etc.) (¹). J'ai eu, d'autre part, à examiner nombre
d'appareils de luxe d'origine germanique ou germano-amé-
ricaine, d'un prix élevé. Ils sont notoirement inférieurs au

(¹) Voir ces appareils à la maison Cauet, Paris, 119, boulevard Richard-Lenoir.

modèle français que vous venez de voir. Dans le même
sens se poursuivent chez nos meilleurs orthopédistes français des améliorations déjà appréciables dans la fabrication
des bras et des jambes. Un avenir très prochain démon-
trera la réalité de ce progrès qui tient compte, à la fois, de
l'élégance et de l'utilité (*fig.* 3 et 4).

Fig. 3. — Bras avec main articulée Cauet (modèle du Professeur Amar).
Travail de dactylographie.

Il eût été extraordinaire, en effet, que dans ce pays où la
prothèse a pris naissance, où de tout temps les chevaliers
qui avaient eu les mains emportées par une bombarde
venaient redemander, pour ainsi dire, leurs membres à nos
spécialistes, souvent petits serruriers et ouvriers en
chambre, il eût été, dis-je, bien surprenant que l'ingéniosité
de nos savants et de nos mécaniciens ne se fût pas mani-
festée avec éclat dans un domaine où se rencontrent l'Art,
la Science et l'Humanité. (*Applaudissements prolongés.*)

Période professionnelle.

Rééduqués fonctionnellement, puis dotés de l'appareil prothétique, — bras, main, pilon articulé ou jambe artificielle — les mutilés seront soumis avec fruit à la *rééducation professionnelle*. C'est alors surtout que devient décisive l'analyse de tous les facteurs physiologiques et mécaniques du travail.

Fig. 4. — Bras avec main articulée (modèle du Professeur Amar).
Amputé jouant du violon.

Au point de vue *physiologique*, on détermine les conditions de vitesse et d'effort, de durée journalière du travail, pour obtenir le maximum de rendement du blessé. La méthode consiste à faire inscrire aux outils eux-mêmes leurs mouvements et les efforts musculaires qui les mettent en action. On mesure donc l'intensité de ceux-ci, on en voit la succession dans l'espace et dans le temps. Tous les instruments professionnels deviennent aisément inscripteurs du travail, *dynamographiques :* lime, marteau, rabot, machine à écrire, crayon.

L'analyse physiologique ne laisse échapper aucune anomalie dont la raison pourrait être une impotence peu apparente, une mauvaise prothèse ou l'inhabileté du sujet. De cet examen circonstancié résultent des enseignements d'une grande *valeur pratique.*

S'agit-il d'un bras impotent ou muni, après amputation, d'un *organe prothétique*, l'inscription du travail montrera que l'intensité des efforts est diminuée, accusant une incapacité déterminée pour presser ou pousser et pour gouverner l'outil. Dans l'*irrégularité des courbes* on sent une action musculaire hésitante, mal affermie, d'autant plus que l'on est au début de l'entraînement fonctionnel. Quand cette action, même affaiblie, n'est point bridée par le membre artificiel, les courbes dynamographiques sont toutes semblables ; le tracé revêt, pour ainsi dire, un caractère *personnel, individuel.* On vérifie, au cours de cette expérimentation, les avantages de telle ou telle modification dans la construction des appareils prothétiques, dans leurs modes de fixation et leur emploi tantôt pour saisir et diriger l'outil, tantôt pour le soutenir simplement et l'appuyer. Je dis que le bras artificiel doit, en général, servir de *soutien*, laissant au bras sain le travail effectif. Cette circonstance se présente d'elle-même dans les amputations du *bras gauche*, le droit conservant ses conditions d'activité normale. Mais, dans le cas contraire, il faut *absolument* rééduquer la personne pour que le bras gauche acquière la force et l'adresse du membre amputé. Grâce à un dispositif convenable — la *varlope inscrivante* — je réussis en trois ou quatre semaines à former d'assez bons gauchers, travaillant, écrivant, jouant correctement de leur bras gauche.

Parallèlement à cette série d'observations, j'en poursuis qui ont pour but la mesure des *échanges respiratoires*, d'où

l'on déduit le *degré de fatigue* du blessé. D'une position à
une autre du corps, ou de l'outil, ou du membre prothétique,
il se révèle, dans ce genre de mesures, soit un gaspillage
d'énergie, soit une économie. De là de très hauts enseignements pour l'apprentissage et le travail, et une véritable
leçon de choses pour l'ouvrier qui se plaît à observer et
recherche la clarté.

L'exemple, ainsi enseigné graphiquement, *impersonnelle-
ment*, possède à ses yeux une vertu souveraine; il l'emporte
sur les explications livresques ou verbales. (*Applaudissements.*)

Je n'insiste pas sur les autres facteurs physiologiques,
comme la *taille*, le *poids*, la *force* du sujet, l'état de ses
réflexes et la vitesse plus ou moins grande de ses réactions.
Ce sont des *constantes individuelles* relatives à l'*état initial*
qui doit guider la méthode de rééducation, surtout pour le
choix du métier. Physiologiquement donc, le blessé reçoit
une éducation qui règle son effort et sa vitesse, discipline
ses mouvements et les approprie à des opérations précises
dont tous les détails ont été étudiés. Toute fatigue superflue,
tout gaspillage de temps et d'énergie sont donc évités. Cette
économie, l'adresse et l'habileté au travail sont toujours
accrues par l'intelligence du sujet qui, si elle n'était pas
éveillée antérieurement, doit l'être par une *instruction théorique* donnée pendant sa rééducation.

Toutes les aptitudes *physiques et morales* sont, de cette
manière, connues, sollicitées et mises, en quelque sorte, à
pied-d'œuvre. Ce sont, ensuite, les *facteurs mécaniques* du
travail qui interviennent. Ils concernent le choix des outils,
l'emploi de machines, de moteurs, de dispositions spéciales
qui, dans les usines et les ateliers, placeront les mutilés dans
des conditions professionnelles favorables à leur bonne utilisation. Car un perfectionnement mécanique rend toujours
des services considérables. Telle manœuvre qui exigeait
l'usage des deux mains pourrait s'effectuer avec une seule et
occuper un grand nombre de mutilés; telle autre où l'inter-

vention de la machine dépasse celle de l'homme servira la même cause. Je signalerai, à cet égard, un *perforateur automatique* que j'ai expertisé à la demande du Ministère des Travaux publics. Il se commande d'une seule main pour poinçonner les tickets de chemins de fer et de métro ; il est simple et d'un prix modique. Quelques milliers de manchots pourraient avoir, un jour, à s'en servir par mutations avec des ouvriers et employés normaux. (*Vifs applaudissements.*)

De semblables progrès doivent être sans cesse stimulés, s'il le faut, par des primes.

Je ne puis m'étendre, Messieurs, sur toutes les *données expérimentales* qui doivent servir de base à la rééducation des mutilés. Je les ai tant de fois exposées par écrit qu'elles n'ont plus de secrets pour les hommes attentifs au progrès des sciences.

Avantages d'une organisation du travail.

Cette méthode d'organisation, dont la rigueur défie le doute, a rencontré un reproche. On l'a déclarée trop savante et bonne pour les hommes de génie. Erreur profonde. Elle est, au contraire, d'une simplicité extrême. Je n'en veux pour preuve que les suivantes : mes nombreuses expériences, soit à la Faculté de Médecine, soit au Conservatoire des Arts et Métiers, ont pu porter sur environ 3.000 personnes de tout âge, de toutes conditions, sans jamais exiger d'elles la moindre sujétion expérimentale désagréable. En moins *d'une heure*, on établit la *fiche d'aptitude* au travail du blessé que l'on complétera s'il y a lieu (voir le tableau p. 18 et 19).

Elle servira pour son placement. D'autre part, un stage de quelques semaines à mon laboratoire a été jugé suffisant pour les techniciens qui appliquent, aujourd'hui, mes principes dans leurs écoles ou instituts. Quatre établissements

en Italie, dont le plus remarquable, celui de Milan, doté large-
ment, est dirigé par l'éminent professeur Galeazzi ; une
école à Vernon où nos braves alliés belges, dont je salue
ici l'éminent représentant en la personne de M. le médecin
inspecteur Milis, peuvent compter sur l'expérience de mon
disciple et ami le docteur Dam ; et bientôt, admirablement
outillée, la première en France, l'école de Bordeaux que
dirige mon distingué collègue et ami le docteur Gourdon, et
qui a tout pour réussir ; ces six écoles attestent que l'application des principes scientifiques que je défends depuis
dix ans est chose facile et avantageuse (¹). (*Applaudissements
prolongés.*)

D'un mot, ils sont la *science vraie* dont voici les enseignements : rapidité et sûreté pour rééduquer les mutilés ;
garantie relativement à leur endurance au travail, à leur utilisation rationnelle, à leur moral ; sincérité des informations
à donner au patronat et confiance qu'elle établit ; discipline
des actes professionnels et habitudes d'ordre et de méthode... Messieurs, ne pas sentir toute la vérité pratique et
agissante contenue dans ces principes, c'est se tromper gra-
vement et se préparer de très lourdes responsabilités. (*Vifs
applaudissements.*)

Modalités de cette organisation.

Venons-en, maintenant, aux modalités de l'organisation
scientifique. La rééducation ne pouvant être ni *obligatoire*
ni *limitée à une région*, on fera partout une active propa-
gande, dans les familles, dans les écoles, dans les réunions
publiques pour décider les mutilés hésitants à s'inscrire sans
tarder dans les écoles faites pour eux et où seront accu-
mulées, pour eux surtout, toutes les réserves de science, de
bonté, de solidarité d'une France reconnaissante. Depuis le

(¹) De nouvelles écoles vont, probablement s'ouvrir en France, mais il y en
aura sûrement au Canada.

DIRECTION

ÉCOLE·SUPÉRIEURE

Téléphone:

(Adresse:)

FICHE D'APTITUDE

SUJET Nᵒ	APTITUDES PHYSIQUES
Nom :	Poids:
Prénoms:	Taille { Debout (D): / Assis (A):
Age:	
Situation militaire:	Coefficient thoracique : $\frac{A}{D}=$
	Liberté des mouvements:
Lieu:	
Cause :	
Région :	
Interventions:	Longueur du membre sain :
Blessure reçue le { Tissus lésés :	Dimensions du ou des moignons: / Puissance musculaire utile:
Complications:	État physiologique du sujet:
Résultats :	
Profession antérieure:	Perte de capacité fonctionnelle:
Personnes à sa charge { Femme: / Enfants: / Parents:	Appareil de prothèse approprié:
Adresse :	

DE RÉÉDUCATION

VILLE DE

AU TRAVAIL

le   191

APTITUDES PSYCHO-PHYSIOLOGIQUES	APTITUDES PROFESSIONNELLES
Degré d'instruction { Générale: / Technique:	État du réapprentissage :
	Dispositions à observer dans le travail :
État des réflexes:	
Équation personnelle :	Durée probable de la rééducation: / Perte de rendement journalier du sujet:
Vocation:	
Goûts :	Observations générales:
Caractère:	
Orientation professionnelle qui convient:	
	Signé: Le Directeur,

jour de leur entrée, jusqu'au jour où ils seront placés dans l'agriculture, le commerce ou l'industrie, rien ne manquera des égards, des sacrifices auxquels ils ont un droit absolu. Toutefois, la rééducation n'atteindra pas tous les militaires blessés. Les uns, qui ont quelque fortune, retourneront à leurs foyers et trouveront de quoi s'occuper ; d'autres — une très faible minorité, je l'espère — se déroberont dans l'indifférence et l'oisiveté par où ils seront menés fatalement à la misère. Mais la grande majorité viendront aux *Écoles supérieures de Rééducation*, ainsi dénommées pour indiquer la méthode pédagogique qui y sera employée et leur destination spéciale aux victimes de la guerre. Il en sera créé une par région économique, en se guidant sur la nature et l'importance de la production et en prenant l'école de Bordeaux pour modèle. J'envisage ainsi onze régions, c'est-à-dire *onze écoles* réparties sur :

Lille, bientôt libre, *Rennes*, *Nancy*, *Paris*, *Lyon*, *Limoges*, *Bordeaux*, *Toulouse*, *Marseille*, *Alger*, *Tunis*.

Chacune possédera un *Office technique* pour la constitution des *fiches d'aptitude*, les besoins médicaux et orthopédiques, l'examen physiologique général, tels que la fiche elle-même les expose ; et il y aura, tout à côté, dans le même bâtiment, des *ateliers* appropriés aux professions ordinaires de la région.

La Direction de l'école sera confiée à un médecin compétent assisté d'un ingénieur expérimenté, et tous deux, hommes de tact, de réflexion et de jugement ; leur *travail psychologique* sera, en effet, de tous les instants. Au médecin incomberont la rééducation fonctionnelle, la prothèse et les observations relatives aux aptitudes psycho-physiologiques des blessés. Il est impossible de scinder ces divers services ; il y aura des aides, des instructeurs ; des mutilés travailleront à réparer ou à transformer leurs appareils prothétiques ; mais tout cela demande à être groupé, sous peine d'irréparables mécomptes.

Quant à l'ingénieur, il s'occupera, aidé lui-même de

quelques bons professeurs de travail manuel, ou contre-
maîtres, à vérifier l'instruction générale et technique des
hommes et à les répartir en catégories professionnelles. Il
surveillera les mouvements des mutilés, le bon état des
membres artificiels dont il expliquera le meilleur mode
d'application. J'ai souvent remarqué que l'amputé montre,
dans l'exercice des outils, une adresse qui émerveillait ses
instructeurs. Ceux-ci ont souvent toute une série de leçons
à apprendre.

On ne se limitera pas au travail des ateliers; on donnera
également des *cours théoriques*, des compléments de sciences
et de lettres pour élever le niveau moyen des intelligences
et permettre au cerveau de coopérer avec les bras, surtout
quand ils sont défaillants.

A notre époque où l'homme a cessé d'être un mécanisme
actif des merveilleuses machines-outils de l'industrie pour
en devenir le simple signal de marche et d'arrêt, où l'auto-
matisme a réduit au minimum l'activité nuancée et volon-
taire de nos muscles, nous devons dresser la plupart des
mutilés aux métiers économiques qui ne fatiguent pas et sont
souvent rémunérateurs. J'imagine que si de petits moteurs de
2 à 5 chevaux étaient entre les mains de nos cultivateurs, ils
vivraient d'abord plus heureux et ils rendraient plus pro-
ductive, plus riche une terre si malheureusement oubliée. Il
y a longtemps que ce progrès serait obtenu si nous aimions
les vertes prairies ailleurs que dans les *Géorgiques*. Il arrivera,
Messieurs, que l'Office technique sera consulté pour des fins
multiples par les blessés : les uns voudront poursuivre un
entraînement physiologique plein de promesses ; d'autres
rechercheront, comme il m'arrive tous les jours, une amélioration de leurs appareils de prothèse, ou une application
plus soignée, ou simplement — j'en ai déjà eu quelques
centaines — un examen circonstancié pour avoir la *fiche
d'aptitude* ; ils la communiqueront à des patrons disposés à
les employer, ou l'utiliseront directement en s'établissant à
leur compte. Pour ma part, je souhaite voir encourager cet

effort de renaissance à la vie d'*ouvriers complets*, « d'ouvriers
en chambre ». Il n'y aurait pas là de contradiction avec la
tendance à la centralisation industrielle ; car les grandes
usines s'habitueront, sans perte pour elles, à laisser les
menus travaux, les commandes infimes à cette catégorie de
travailleurs. L'État y trouverait son avantage, attendu que
ceux-ci ne manqueront pas de former de bons apprentis.

Quant aux *ateliers de rééducation*, leur but est des mieux
définis : perfectionner la pratique des métiers et adapter les
mutilés aux exercices professionnels qui leur conviennent,
suivant qu'ils ont à changer de métier ou à se spécialiser
dans une de ses parties, plus propre à économiser leurs
forces sans diminuer leur rendement.

La durée de cette rééducation est variable ; si, au point
de vue du *travail manuel*, un *an* constitue la moyenne suffi-
sante, il faut ajouter que l'*instruction théorique* exigera
davantage ; on la donnera complète, afin de former une *élite
ouvrière* capable d'instruire à son tour.

Ainsi les écoles de rééducation étendent, dans un but
précis, les bienfaits de l'enseignement ; elles développent le
cerveau des travailleurs ; par elles, l'*instruction publique*
pourra parfaire l'œuvre si belle déjà de la troisième Répu-
blique. (*Vifs applaudissements.*) Pour les mutilés assez ins-
truits qui voudraient se destiner à des carrières libérales et
qui n'en auraient pas les moyens, il me semble possible de
leur dire auxquelles de ces carrières ils devraient se livrer et
de les y aider. Et tous les efforts doivent converger au but
réel de la rééducation : le *placement*.

Arrivons, Messieurs, à cette question du placement des
blessés de la guerre, j'entends évidemment les moins fortu-
nés. Elle est moins difficile qu'on ne croit. D'abord, en effet,
existent les *initiatives individuelles*. Tel patron, telle usine
vous demandent, de temps en temps, un ou deux blessés
qu'ils placent et dont ils sont satisfaits. Personnellement,
j'ai reçu plusieurs demandes de ce genre, auxquelles j'ai
répondu en adressant des mutilés rééduqués et munis de

leurs fiches. Car c'est un élément de grande valeur que l'employeur puisse trouver sur ces fiches des renseignements précis, clairs et sincères.

Entre lui et son employé s'établit une confiance solide, ayant pour fondement la vérité. (*Vifs applaudissements.*)

À ces initiatives s'ajoutera l'influence, très désirable, des *Chambres syndicales*. Je suis fortement d'avis que nous devons demander aux *Chambres syndicales* leur collaboration pour placer les mutilés. Les grandes fabriques sont à même d'en employer quelques milliers, étant donné qu'elles pratiquent la « division du travail » et disposent de machines faciles à commander. Le Ministère des Munitions, qui a dans telles de ses usines jusqu'à 10.000 ouvriers, pourrait entrer dans cette voie sans dommage pour le taux de la production. Il possède des moyens d'action supérieurs à ceux des autres Ministères.

Tout démontre donc qu'il fallait une étude préalable de ce problème du travail des mutilés. Et, après avoir choisi une méthode, examiner toutes les modalités de son application et agir fermement et vite, d'accord avec les personnalités compétentes groupées sous une direction vigilante. C'est pourquoi il y aurait lieu de décider la création d'un *organisme central*, comprenant tous les rouages de contrôle et de coordination. L'école à installer dans Paris pourrait, sous le nom d'*Institut d'organisation du travail*, être cet organisme-là, servir de centre de haut enseignement pour cette science nouvelle du travail, relier les services aujourd'hui épars dans plusieurs ministères, et mettre un peu d'ordre dans l'état de choses actuel. Représentez-vous, en effet, la diversité des services qui ont à s'occuper des blessés. Au Service de Santé revient celui de la prothèse, de la physiothérapie, des réformes et des pensions. L'enseignement général et technique, l'apprentissage et toute la législation qui l'encadre, les retraites, le chômage, les accidents du travail appartiennent aux Ministères du Travail, Commerce, Instruction publique et Agriculture. Le Gouvernement est donc tout entier engagé dans cette œuvre sociale, il est bon que pour l'entreprendre un seul mécanisme entre en jeu.

Messieurs, je crois le programme que je viens d'esquisser facile à exécuter ; il évitera un gaspillage redoutable de temps et d'argent. Il fera reculer l'oisiveté, qui serait inexcusable dans ce pays où toutes les énergies sont nécessaires. (*Vifs applaudissements.*) J'estime que la méthode scientifique de rééducation nous donnera des employés et des ouvriers d'une discipline parfaite au travail, et d'un niveau intellectuel et moral élevé.

Dès que les écoles seront en pleine marche, il ne s'écoulera pas deux ans que tous nos blessés rééducables seront à même de gagner leur vie, sans rien devoir à personne. Ils y comptent, nos travailleurs, ouvriers et paysans ; ils attendent depuis plusieurs mois l'effort de l'État. Personne en France ne peut trahir les espérances qui ont illuminé leur cœur. Il faut se décider, car il s'agit d'un grand devoir de solidarité nationale, d'un devoir français — et comme jamais il n'en fut — d'un devoir républicain.

(L'orateur fait passer une série de projections où *l'on voit travailler* des amputés rééduqués par lui et placés ; il montre certains ouvrages faits par des mutilés.) (*Applaudissements prolongés.*)

Monsieur PAINLEVÉ

Mesdames, Messieurs,

M. Amar vous a exposé, avec toute la gravité que comporte le sujet et avec une remarquable méthode, le grand problème des Mutilés de la Guerre. Vous avez, à coup sûr, admiré avec nous, l'ingéniosité des méthodes qu'il propose et les services immenses que nous en pouvons attendre.

C'est qu'en effet on ne saurait s'exagérer l'importance du problème des Mutilés de la Guerre. Il ne s'agit pas de quelques centaines d'hommes, ce sont des milliers et des milliers encore de pauvres soldats, dont le destin dépendra, ainsi que celui de leurs familles, des mesures que la Nation saura prendre pour eux.

Vous concevez donc de quelle reconnaissance nous devons entourer, et quelle estime doit marquer le Gouvernement vis-à-vis des œuvres qui, spontanément, ont voulu apporter leur concours à ce problème. Le Gouvernement est donc très reconnaissant aux OEuvres d'Assistance aux Mutilés des Armées de Terre et de Mer, à l'Office départemental, section d'Aide aux Blessés mutilés, à l'Association pour l'Assistance aux Mutilés pauvres et à l'Aide immédiate aux Invalides et Réformés de la Guerre, à leurs Bureaux, à M. Puech, à M. Barthou, à M. Maurice Barrès, au général Pau, pour ne citer que quelques noms à côté de tant d'autres qui devraient être à côté d'eux. (*Applaudissements prolongés.*)

Mais en encourageant ces œuvres, le Gouvernement n'accomplirait qu'une partie de son devoir. C'est la Nation tout entière qui est débitrice vis-à-vis des Mutilés de la Guerre, c'est le Gouvernement représentant la Nation qui doit prendre en main le souci de leur sécurité du lendemain et de leur fierté individuelle. (*Vifs applaudissements.*)

A cette grande œuvre, tous les Ministères : le Ministère de la Guerre, le Ministère de l'Intérieur, le Ministère du Travail et de la Prévoyance sociale, le Ministère des Travaux publics doivent apporter leur concours, soit pour donner des secours et des pensions, soit pour donner des soins, soit pour donner du travail, et pour la grande organisation de cette œuvre de rééducation professionnelle dont vient de nous entretenir l'éminent Conférencier, M. le professeur Amar. Cette œuvre doit consister à ne pas orienter toutes les forces de travail vers les mêmes industries, car alors il se ferait une pléthore qui nuirait à l'essor économique du pays.

Mais ici, je veux attirer votre attention sur un malentendu possible, que j'ai à cœur d'écarter : lorsqu'il s'agit de rééducation professionnelle, c'est là une entreprise qui n'a rien à voir avec le secours auquel les mutilés ont droit. Que le mutilé soit privé du travail de ses bras, la dette, la pension qui lui est due, c'est une dette sacrée, imprescriptible, à laquelle personne ne pourrait songer à toucher. Si l'œuvre de rééducation dont nous venons de parler poursuivait quelque économie, ce serait là une tentative sordide et misérable, et aucun Français ne pourrait songer à une tentative de ce genre. Ce que nous voulons faire comprendre à tous les mutilés qui nous écoutent, c'est que, quel que soit le sacrifice que la Nation s'imposera, le mutilé, qui serait réduit à sa pension, aurait malgré tout une existence réduite et souffrirait de son oisiveté ; car, en général, la pension sera inférieure aux ressources que son travail pourrait lui procurer. C'est pourquoi il importe que tous ceux qui pourront travailler encore soient mis en mesure de travailler ; il faut qu'ils travaillent pour eux-mêmes et qu'ils travaillent pour le Pays. (*Applaudissements prolongés.*)

Ils contribueront ainsi à la prospérité de la Nation et à son essor économique, comme ils ont contribué, par leur héroïsme, au salut de la Patrie durant la Guerre sanglante et, ainsi restitués à une activité conforme à leur âge et à leurs forces, utiles à eux-mêmes, à leur famille et à leur Patrie, les vaillants blessés qui auront sacrifié à la France une partie de leur être, pourront porter fièrement à travers la foule le titre glorieux de Mutilés de la Guerre. (*Vifs applaudissements.*)

Tours. — Imprimerie Deslis Frères et Cⁱᵉ.

LE

MOTEUR HUMAIN

ET

Les Bases scientifiques du Travail professionnel

PAR

Le Professeur Jules AMAR

DIRECTEUR DU LABORATOIRE DE PROTHÈSE MILITAIRE
ET DU TRAVAIL PROFESSIONNEL
AU CONSERVATOIRE NATIONAL DES ARTS ET MÉTIERS

AVEC PRÉFACE DE **H. LE CHATELIER**
MEMBRE DE L'INSTITUT

In-16 de xvi-622 pages, avec 308 figures. Cartonné . . . . **12 fr. 50**

Notions de mécanique générale. Cinématique et statique. Dynamique et énergétique. Résistance des matériaux, machines. *La machine humaine.* Architecture du corps humain. Le moteur musculaire et l'alimentation. L'alimentation et la dépense d'énergie. *L'énergie humaine.* Les lois de la dépense énergétique. Le rendement de la machine humaine. Effets physiologiques du travail : fatigue. *L'homme et le milieu.* Le milieu intérieur. Le milieu extérieur : la température ; l'air et l'eau ; l'air comprimé, les radiations, l'outillage. *Technique expérimentale.* Les mesures, instruments, mesures statiques de la machine humaine. Mesures dynamiques de la machine humaine et travail professionnel. Évaluations énergétiques relatives à l'homme. *Le travail professionnel.* Équilibre et mouvement du corps humain ; locomotion : marche. Le travail professionnel et la locomotion : marche, course, saut, grimper, ranger, nager. L'outillage. Travail de la parole et travail intellectuel. Rations alimentaires des ouvriers. Puissance de l'homme.

www.ingramcontent.com/pod-product-compliance
Lightning Source LLC
Chambersburg PA
CBHW051330050726
47595CB00006B/2291